관찰과 체험은 과학을 배우고 이해하는 최고의 방법입니다!
어린이책 작가 **세실 쥐글라(Cécile Jugla)** 역시,
이런 생각으로 요리조리 사이언스키즈 시리즈를 기획했어요.
이 시리즈에는 지금껏 몰랐던 흥미진진한 사실이
한가득 담겨 있어요.

프랑스 파리의 어린이과학박물관
시테 데 장팡(Cité des enfants)을 설립하고,
파리 과학문화센터 팔레 드 라 데쿠베르트
(Palais de la Découverte)의 관장을 지낸
잭 기샤르(Jack Guichard)는 중요한 과학 이론을
누구나 알기 쉽고 생생하게 설명하고자
늘 고민하고 있습니다.

삽화가 **로랑 시몽(Laurent Simon)**은
어린이와 청소년 책에 들어가는 그림을 그려요.
이따금 이런 책에 글을 쓰기도 해요.
과학책이나 생활에 유익한 책에 그림을 그릴 때가
가장 행복하다고 해요.

옮긴이 김세은은
중앙대학교 불어불문학과를 졸업하고,
현재 번역 에이전시 엔터스코리아에서
출판기획자 및 전문번역가로 활동하고 있어요.

풍선이 팔랑팔랑

초판 1쇄 인쇄 2020년 12월 1일   초판 1쇄 발행 2020년 12월 7일

글 세실 쥐글라, 잭 기샤르   그림 로랑 시몽   옮김 김세은

펴낸이 이상순   **주간** 서인찬   **편집장** 박윤주   **제작이사** 이상광
디자인 유영준   **마케팅홍보** 신희용   **경영지원** 고은정

펴낸곳 (주)도서출판 아름다운사람들   **주소** (10881) 경기도 파주시 회동길 103
대표전화 031-8074-0082   **팩스** 031-955-1083   **이메일** books777@naver.com

ISBN 978-89-6513-628-6 77400

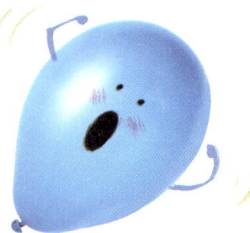

La science est dans le ballon
© 2020 Editions NATHAN, SEJER, 25 avenue Pierre de Coubertin, 75013 Paris, France.
Korean Translation © BeautifulPeople 2020 All rights reserved.
This translation of La science est dans le ballon is published by arrangement with Nathan through
KidsMind Agency, Korea.

이 책의 한국어판 저작권은 키즈마인드 에이전시를 통해 Nathan과 독점 계약한 (주)도서출판 아름다운사람들에 있습니다.
신 저작권법에 의해 한국 내에서 보호를 받는 저작물이므로 무단전재와 복제를 금합니다.

이 도서의 국립중앙도서관 출판예정도서목록(CIP)은 서지정보유통지원시스템(http://seoji.nl.go.kr)과
국가자료종합목록구축시스템(http://kolis-net.nl.go.kr)에서 이용하실 수 있습니다. (CIP제어번호 : CIP2020046207)

풍선이 팔랑팔랑

글 세실 쥐글라, 잭 기샤르 **그림** 로랑 시몽 **옮김** 김세은

차례

8   풍선의 요모조모 알아보기

10   풍선 쉽게 부는 법

12   풍선 속에 비누 숨기기

14   노래하는 풍선 만들기

16   풍선 로켓 만들기

18   공중에 풍선 띄우기

20 구멍을 내도 안 터지는 풍선

22 레몬으로 풍선 터뜨리기

24 불에도 견디는 풍선 만들기

26 천장에 풍선 붙이기

28 풍선을 입으로 안 불고 부풀리기

풍선의 요모조모 알아보기

부모님이 고무풍선을 한 꾸러미 주셨어요.
자세히 살펴볼까요?

풍선을 불면 어떤 느낌이 드나요?
풍선에 공기를 빼면?

- 겉이 매끈해요.
- 겉이 울퉁불퉁해요.
- 무거워요.
- 가벼워요.
- 납작해요.
- 잘 늘어나고 줄어들어요.
- 말랑말랑 잘 휘어요.
- 빳빳해서 잘 안 휘어요.

다음 중 풍선으로 만들 수 없는 모양은?

토끼   하트   직육면체   소시지

정답: 직육면체

부푼 풍선을 보니까 속이 훤히 들여다보여. 투명하네.

풍선은 무엇으로 만들어졌을까요?

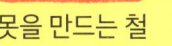
못을 만드는 철 / 양동이를 만드는 플라스틱 / 신발을 만드는 가죽 / 아기용 공갈 젖꼭지를 만드는 라텍스

정답: 라텍스. 고무나무 껍질에 상처를 내면 얻을 수 있는 유윳빛 액체가 굳어서 라텍스가 돼요. 고무보다 더 탄력 있고 팽팽한 라텍스로 풍선을 만들어요.

다음 중 라텍스로 만들어지지 않은 것은?

주방용 장갑

잠수복

펜

자동차 타이어

수영 모자

정답: 펜.

"난 아무것도 안보여! 부풀리지 않은 풍선은 불투명하네."

대단해요. 이제 풍선과 좀 가까워졌죠? 얼른 다음 페이지로 넘겨서 풍선에 관해 더 많이 알아봅시다.

풍선 쉽게 부는 법

부푼 풍선 속엔 무엇이 들어 있을까요?

우리 몸속의 허파에서 나온 공기가 들어 있어요. 공기가 풍선을 늘려서 풍선 속을 차지하고 있죠. 풍선 입구를 꽉 묶지 않으면 공기가 밖으로 나가버려요.

오, 신기해!

공기보다 가벼운 헬륨이라는 기체로 채워진 풍선은 손에서 놓자마자 하늘로 올라가요. 풍선이 터지면 풍선 조각이 산과 들, 바다로 떨어져 환경이 오염되니까 주의하세요.

"우와, 제법인데!"

"좋았어! 내가 한 번 불었던 풍선이라 더 쉽게 불릴 거야."

작지만 알찬 지혜

풍선의 '꼭지' 부분을 몇 번 잡아당겨서 늘려주면 풍선 불기가 훨씬 쉬워요.

한 번 불었던 풍선이 더 잘 불리는 이유는?
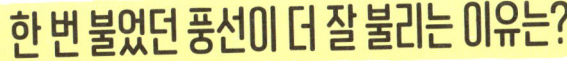

풍선이 부풀면서 **라텍스** 속의 **섬유가 늘어났기** 때문이에요. 실제로 한 번 불었던 풍선이 새 풍선보다 더 부들부들하고 크기를 재보면 더 클 때도 있어요.

훌륭해요.
풍선은 '탄성'이 있어서 공기를 채울 수 있다는 사실을 알아냈어요! 탄성은 힘을 주면 모양이 바뀌었다가 힘을 빼면 원래 모양으로 돌아가는 성질을 말해요.

풍선 속에 비누 숨기기

히히, 재미난 걸 준비해서 엄마를 깜짝 놀라게 해드리자!

그동안에 난 풍선에 비누를 올리고 세게 누를게.

풍선 입구를 열어서 공기를 살살 내보낼게.

풍선은 비누보다 크기 때문에 공기가 빠지면 서서히 비누를 감싸다가 비누 모양이 돼요.

작지만 알찬 지혜

풍선을 탁자에 올려놓고 불면
비누를 다시 '빼낼' 수 있어요.

정말 대단하네요!
라텍스는 '탄성'이 있어서 어떤 모양으로든
바뀔 수 있다는 사실을 알아냈어요.

노래하는 풍선 만들기

풍선을 잘 분 다음에 입구를 살 열어서 공기를 조금씩 빼 봐.

풍선 꼭지를 계속 잡아당기면서 공기를 빼고 있는데, 한참 동안 울음소리가 나.

샤이이이이익…

 풍선에서 울음소리가 나는 이유는?

공기가 풍선에서 재빨리 빠져나올 때 풍선 입구 안쪽이 공기에 세게 눌려 떨리고 이에 따라 공기도 떨리게 됩니다.
노랫소리는 바로 공기가 떨리는 소리예요.

야오오오오오옹…

풍선 로켓 만들기

발사 준비됐습니까?

나는 줄 반대쪽 끝을 빨대 속에 밀어 넣고 줄 끝을 의자에 묶었어. 그런 다음에 줄을 팽팽하게 당겨서 곧게 폈어.

줄 끝을 의자에 묶었어.

스카치테이프로 풍선에 빨대를 붙여요.

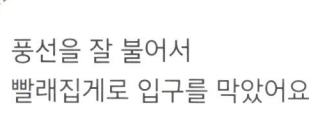
3m 길이 줄

풍선을 잘 불어서 빨래집게로 입구를 막았어요.

작지만 알찬 지혜

빨대가 없다면 종이를 말아 쓰세요.

"빨래집게를 뺐어."

"팽팽하게 당겨진 줄"

"우와, 풍선이 로켓처럼 발사돼!"

슈우우우우우웅...

"야호, 발사 성공!"

풍선은 어떻게 로켓처럼 발사될 수 있을까요?

빨래집게를 빼는 순간 풍선 속의 공기가 재빨리 뒤로 터져나가면서 풍선을 강하게 밀어 앞으로 내보내기 때문이에요.
이런 원리를 '작용반작용의 원리'라고 해요.

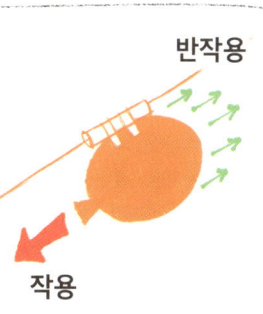

반작용

작용

뭐든지 척척, 못하는 게 없군요!
'작용반작용의 원리'를 이용해
풍선을 앞으로 밀어 보낼 수
있다는 사실을 알아냈어요.

공중에 풍선 띄우기

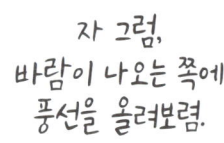

"자 그럼, 바람이 나오는 쪽에 풍선을 올려보렴."

"풍선이 둥둥 떠오르네요."

좀 느슨하게 불어서 꼭지를 묶은 풍선

"바람 세기를 더 강하게 하니까 더 높이 올라가요."

풍선은 어떻게 헤어드라이어 위에 떠있을까요?

헤어드라이어에서 나온 **바람**은 **풍선을 공중으로 밀어낸 뒤 풍선 옆**을 지나 위로 올라갑니다. 그러면 풍선 바로 위쪽은 공기 입자가 거의 없이 텅 빈 듯한 진공 상태가 됩니다. 먼지가 진공청소기 속으로 빨려 들어가듯이 풍선은 위쪽으로 **빨려 올라가 공중에 떠있게 돼요**.

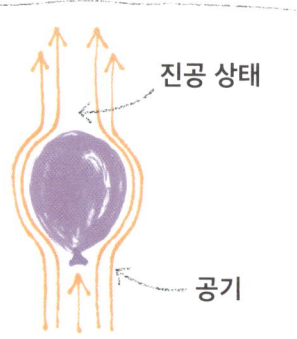

진공 상태

공기

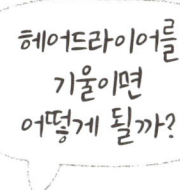

바람의 각도가 너무 많이 기울어지면 진공 상태의 공간이 풍선을 공중에 붙잡아둘 수 없어서 풍선이 바닥에 떨어져요.

오, 신기해!

'글라이더'라는 비행기는 몸체를 앞으로 밀어내주는 모터가 없어도 뜨거운 공기의 흐름을 이용해 공중에 떠서 앞으로 나간답니다.

멋진 비행사의 꿈을 펼쳐보세요! 아래에서 위로 공기 흐름이 생겨 풍선이 위로 빨려 올라가는 원리를 이해했어요. 이처럼 풍선을 공중에 떠있게 하는 힘을 양력이라고 해요.

 # 구멍을 내도 안 터지는 풍선

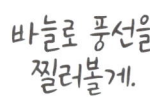
바늘로 풍선을 찔러볼게.

끝에 기름을 묻힌 바늘

끝까지 다 불지 않은 풍선

터질 텐데…

그러게, 내 풍선은 터졌어!

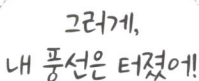 빵!

바늘을 찔러 넣어도 어떻게 풍선이 터지지 않을까?

풍선의 주성분인 **라텍스**는 **그물** 모양을 하고 있어요. 풍선에서 **색이 밝은 부분**은 그물이 많이 늘어나 약한 상태이므로 바늘로 찌르면 쉽게 찢어진답니다.

풍선 위쪽에 색이 가장 어두운 부분에 바늘을 돌리면서 꽂아 넣었더니 짜잔, 이렇게 됐어!

진짜로 되는구나! 대체 비결이 뭐야?

짝! 짝! 짝!

멋지다!

짝! 짝! 짝!

하지만 풍선 위쪽의 어두운 부분은 그물이 안 늘어난 상태이므로 바늘이 그물 사이의 구멍으로 들어갑니다.

라텍스는 늘어나지 않았을 때가 더 튼튼하다는 사실을 알아냈어요. 참 잘했어요!

레몬으로 풍선 터뜨리기

어른한테 레몬 껍질을
한 조각 잘라 달라고 하세요.

레몬 껍질을 손톱으로 꼬집으면 리모넨이라는 액체가 나와.

팽팽하게 분 풍선에 레몬 껍질을 갖다 대서 리모넨을 묻힐게. 껍질을 풍선에 문지르지는 마.

2초 뒤

어머나! 레몬 때문에 이렇게 된 거야?

정확히 말하면 리모넨 때문이지. 리모넨이 라텍스에 반응한 거야!

빵!

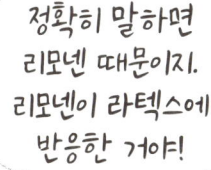

레몬의 리모넨은 어떻게 풍선을 터뜨릴 수 있을까요?

리모넨이 라텍스에 **화학반응**을 일으켜 라텍스의 그물을 **찢어버리기** 때문이에요. 이때 **그물이 찢어지는 속도가 소리의 속도보다 빨라서** 풍선이 터진 후에야 '빵' 소리가 들린답니다. 초음속 제트기도 그래요. 나는 속도가 소리의 속도보다 빠르죠.

빵! 풍선을 터뜨릴 수 있는 화학반응을 찾아냈어요.

불에도 견디는 풍선 만들기

풍선을 팽팽하게 불어서 촛불 위로 가져가니까 바로 터져버렸어.

빵!

방법이 있지!

열은 라텍스를 녹여요.

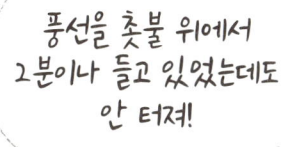

"풍선을 촛불 위에서 2분이나 들고 있었는데도 안 터져!"

"풍선을 수도꼭지에 대고 물을 반쯤 채웠어."

작지만 알찬 지혜

풍선을 불어서 공기를 뺀 다음에 물을 넣으면 물을 더 쉽게 채울 수 있어요.

풍선은 왜 불 가까이에서도 터지지 않을까요?

풍선에 담긴 **물이** 촛불의 **열을 흡수**해 라텍스가 너무 뜨거워지는 걸 막아주기 때문이에요. 자동차도 냉각장치에 냉각수가 들어 있어요. 이 냉각수가 엔진의 열을 흡수해 차갑게 식혀준답니다.

슬기롭네요!
풍선 실험을 통해 물이 열을 흡수할 수 있다는 사실을 알아냈어요.

천장에 풍선 붙이기

작지만 알찬 지혜

작은 종잇조각을 탁자에 올려놓아요. 풍선을 스웨터에 문질러 종잇조각 가까이 가져가면 종잇조각이 공중으로 튀어 올랐다 다시 떨어질 거예요.

풍선을 입으로 안 불고 부풀리기

한 번 불었다 공기를 뺀 풍선에 탄산수소나트륨(베이킹 소다)을 4티스푼 넣어요.

풍선을 페트병 입구에 끼운 다음에 살짝 들어 올려서 베이킹 소다가 떨어지게 흔들어볼게.

• 빵 등을 부풀릴 때 팽창제로 쓰는 베이킹 소다는 탄산수소나트륨이라고도 해요.

식초 2cm 높이

커튼을 열어줘, 지금 바로!

10초 뒤

까악!
어머나!
말도 안 돼!

짜잔! 난 손도 입도 안 댔는데 풍선이 스스로 부풀었어!

거품

풍선이 부푼 이유는?

식초가 **탄산수소나트륨**에 반응해 이산화탄소가 만들어지고 이산화탄소가 **뽀글뽀글 거품**을 내며 페트병 위로 올라가 **풍선을 부풀리기** 때문이에요.

굉장하네요!
'식초 + 탄산수소나트륨 = 이산화탄소'이고 이산화탄소는 풍선을 부풀릴 수 있다는 걸 배웠어요.